DK

害羞的力量

讓孩子發出自信的光芒

娜迪亞‧芬妮 著　　莎拉‧蒂爾克 繪

新雅文化事業有限公司
www.sunya.com.hk

Penguin Random House

新雅·成長館
害羞的力量——
讓孩子發出自信的光芒
作　　者：娜迪亞·芬妮 (Nadia Finer)
繪　　圖：莎拉·蒂爾克 (Sara Thielkerra)
翻　　譯：張碧嘉
責任編輯：趙慧雅　林可欣
美術設計：黃觀山
出　　版：新雅文化事業有限公司
　　　　　香港英皇道499號北角工業大廈18樓
　　　　　電話：(852) 2138 7998
　　　　　傳真：(852) 2597 4003
　　　　　網址：http://www.sunya.com.hk
　　　　　電郵：marketing@sunya.com.hk
發　　行：香港聯合書刊物流有限公司
　　　　　香港荃灣德士古道220-248號荃灣
　　　　　工業中心16樓
　　　　　電話：(852) 2150 2100
　　　　　傳真：(852) 2407 3062
　　　　　電郵：info@suplogistics.com.hk
版　　次：二〇二二年八月初版

ISBN: 978-962-08-8029-2
Originally title: *Shy and Mighty: Your Shyness is a superpower*
Copyright © 2022 Dorling Kindersley Limited.
A Penguin Random House Company.
Traditional Chinese Edition © 2022 Sun Ya
Publications (HK) Ltd
18/F, North Point Industrial Building, 499 King's Road,
Hong Kong, China.
Published in Hong Kong, China
Printed in China

For the curious
www.dk.com

嗨！大家好！

我叫娜迪亞。我是個害羞的人，從小到現在都是這樣。我感到害羞的時候，會覺得有點不自在，覺得有點尷尬、有點緊張、有點侷促不安。

我常常因為我的聲音而感到害羞，因為我的聲音很稚嫩。別人經常說我的聲音有點怪，那會令我很尷尬。我在跟別人第一次說話時，會尤其感到不自在。

我不喜歡別人注視我或看着我，我喜歡躲在背後，不喜歡成為眾人的焦點。要在面對一班人說話時，會令我很不安。雖然我有很多想法，也有很多意見想表達，但我通常都會保持緘默。

我留意到別人會做許多有趣和刺激的事情，但因為我很害羞，所以不會參與。隱形斗篷對我來說是最佳衣服，這樣，我就可以隨意往來，沒有任何人會看見我！

我年紀小的時候，並不理解自己的害羞。我沒有將自己的感受告訴任何人，只是一直藏在心裏。

這就是為什麼我在這裏出現，決定寫這本書，因為當你不敢踏出「安舒區」，將會很難參與活動、交朋友和享受各樣有趣的事情。

我叫波比，是娜迪亞的好朋友，我也很害羞。除了郵差來送信的時候外，當我遇到新的小狗或人類時，我通常都會感到很害羞。

來談談害羞這回事吧！

大家都不太談論關於害羞的事。為什麼呢？嗯，可能因為我們都很害羞吧。

- 我們不喜歡大聲說話，也不愛出風頭。
- 我們喜歡隱藏在背後。
- 我們會把害羞這件事當成秘密。
- 我們會將自己和自己的害羞藏起來。

為什麼會這樣呢？可能因為我們感到尷尬，又不想顯得很軟弱或傻氣。

當我們保持緘默，腦袋卻會胡思亂想，各樣的擔憂和情緒都被困住了，令我們越來越憂慮。

讓我們試試一起大膽地表達真正的感受吧。我們不需要感到羞愧，也不需要害怕跟其他人格格不入。讓我們一起作出一個強大的許諾，就在此時此刻。我們不再因為自己的害羞，而感到羞愧或尷尬。

害羞並不是一件羞愧的事。害羞的人並沒有任何缺欠，只要稍加努力，我們就可以成為最強大的自己。

怎樣使用這本書

這不只是一本關於害羞的書，而是教你怎樣在害羞的同時，變得強大。所以本書分為兩部分：害羞和強大。

害羞

本書第一部分是講述關於害羞的一切事情。這部分會讓你明白你的害羞：為什麼會感到害羞、是什麼引致害羞、害羞的感覺是怎樣的，以及害羞怎樣影響你的生活。

當中的重點會用一個方格或色塊以強調顯示。如果讀完這本書後，你需要快速重溫，或是在感到害羞時需要一枝強心針，不妨直接跳到所強調的地方閱讀。

> 或者我們可以稱這些重點為「心靈語錄」吧！

強大

本書第二部分是講述怎樣可以活得強大。每一頁都會幫助你與害羞共處，並踏出一小步，釋放你的害羞潛能，成為一個更強大的自己。

> 我們將會一起發掘你內裏的害羞超能力，是你想也未想過的！

強大任務
★ ★ ★
勇於嘗試，
執行強大任務，
令你瞬間變強大！

請留意本書第二部分的「強大任務」。你可以試試實踐這些小活動和小挑戰。不一定要全部都完成，但隨着練習，這些任務能幫助你釋放強大能量！

目錄

不要再錯過了！

　　害羞可能會令我們錯過一些很棒的事情，例如分享意見、被聆聽、享樂和體驗新事物。所以，不要再躲藏了！讓我們一起將這收藏着自己的安撫毛毯，變成戰無不勝的斗篷吧！

> 害羞不代表我們要錯過各種機會，這本書將幫助大家面對害羞，而不是逃避，令大家不再錯過各樣好玩的東西，讓更多人可以變得害羞而強大。

> 躲在背後，默不作聲，有時的確比較容易。但這樣做沒有太多樂趣，而且有時也會令我們感到不開心。

是時候要釋放我們的強大能力了。

害羞而強大的宣言

害羞可能會令我們感到孤獨，但我們卻不孤單。

害羞並不是一個羞恥的秘密。讓我們來談談它吧。

害羞是很正常的。害羞的人不需要被治療。

害羞的人也有強大的能力！

害羞並不等於軟弱。我們內裏是很強大的。

世界需要聽見我們的聲音。

誰都可以翻開這本書

不論你是誰，也不論你為了什麼原因而翻開這本書，這本書都是為你而設的。或許你有一點害羞，或是偶爾害羞，或是時常害羞，或是一點也不害羞，這也不要緊。即使你不太知道自己為何有那樣的感受，只隱約覺得你可能是害羞的，這本書也會對你有幫助。

從暗處踏進光明

任何承諾能「治好」你的害羞的書，我建議你一律把它們丟掉。這本書不會試圖改變你，或是為你進行性格移植。害羞的人不需要被治療，但若能更理解害羞的種種，以及知道怎樣與害羞共處，就能克服害羞之所以令生活變得棘手的事情。

也許你不是個害羞的人，但你認識這樣的人，而又希望能讓他們發揮潛能，發出耀眼光芒，這本書也很適合你！

歡迎支持害羞者的朋友！

跟錯失的機會說再見，笑着迎接一個更強大的自己吧！

害羞的你

害羞是什麼？

害羞是一種感覺。當我們害羞的時候，我們會擔心，會感到不自在，心裏侷促不安，覺得尷尬和緊張。我們不喜歡別人看着我們或批評我們，而表達自己的意見和交朋友對我們而言也不容易。

什麼時候會害羞？

人們在許多情況下都會感到害羞，例如當老師提問我們，或是在眾人面前說話的時候。若是身處不熟悉的人羣當中，又或是參與像派對那樣的活動，都有可能會令人感到害羞。不同的人會在不同的時間和場合感到害羞。小孩子、大孩子，甚至成年人也會感到害羞。

害羞不是一件壞事，
但可能會令我們想躲起來，
因而錯過一些樂趣。

隱藏的自信

害羞不等同於欠缺自信。雖然我們知道自己有能力做到某些事情，但會寧願在別人看不見的時候才做。我們不喜歡其他人留意我們。即使我們對自己的意念和能力都很有信心，害羞都令我們感到不自在。

> 我對拳擊很有信心。但當其他人看着我時，我就會感到害羞和尷尬。

> 我踢足球非常了得，但我不喜歡別人看着我踢。

有所保留

當我們第一次認識某人，或遇上不確定的情況時，往往會容易感到害羞。對我們而言，踴躍發言、投入參與和結交朋友都有點困難。我們會擔心別人怎樣想，怕他們認為我們不夠好，或認為我們會搞砸事情。雖然我們也很想放鬆玩樂，但這些恐懼都令我們有所保留。

很多人都害羞嗎？

有時，我們以為自己與其他人格格不入，沒有人明白我們的感受，但這並不是真的。很多人都是害羞的，就連一些人看起來不像會害羞的人，也可能有害羞的一面。

害羞可能令我們感到孤獨和孤立無援，但我們並不孤單。

我還以為只有我有這種感覺。

害羞的巨星

演員愛瑪·屈臣（Emma Watson）和足球員美斯（Lionel Messi），還有很多名人都是害羞的。他們努力忙着成為強大的人，所以其他人不容易看到他們內裏原來也會有害羞的一面——就跟我們一樣。

我們並不孤單，很多人也跟我們一樣！

害羞是正常的

可能你不知道，但原來世界上有一半的人都認為自己是害羞的。這就是說，害羞一點也不奇特或古怪。害羞是很正常的！

害羞是沒有問題的！

我很害羞，也很強大！

跟你一樣

我們可以這樣想：雖然偶爾也會有例外，但是請記得你所遇見的人，有一半人也跟你一樣是害羞的。不論是學校遇見的人，或是你的朋友，或是在家裏，也是這樣。害羞是完全正常的。

害羞是與生俱來的嗎？

我們與生俱來的基因，已決定了我們的樣貌，以及可能的個性。基因來自我們的父母，所以如果他們害羞，我們也可能會是害羞的。不過，害羞也不只是由基因決定的。

害羞的嬰兒

科學家發現有些小貓和小猴，當牠們離開母親的時候會感到焦慮，遇見陌生動物時也會感到緊張。換句話說，牠們是害羞的。科學家認為人類的情況也相似，有些嬰兒遇上陌生人時會感到緊張，看見陌生的面孔就會哭。

我第一次遇見波比的時候，牠只有幾星期大，藏身於牠其他兄弟姊妹的背後。牠是一隻安靜和含蓄的小狗。我彎下身子跟牠打招呼，讓牠嗅嗅我，認識我多一點。我抱起牠的時候，牠立刻依偎在我的臂彎裏睡着了，簡直令我的心都融化了。我知道波比要成為我家的一分子。牠很可愛，就按牠原本的樣子，我就愛這樣的牠。

害羞地成長

我們可能會遺傳父母的害羞，就正如我們也會遺傳他們捲曲的頭髮、臭腳，或閃亮的棕色眼睛一樣。但即使父母一方是害羞的，也不代表我們一定就會這樣。成長的環境也很影響我們。我們成長時所學習和經歷的一切，都可能會觸發我們的害羞，使這種特質呈現出來。

> 我的爸爸很害羞。

> 我的也是！

害羞，但有出路

可能你會認為自己的害羞是根深蒂固的，是你個性裏很核心的部分，永遠都不會離開你。這是沒有問題的——你不需要改變你的個性。不過，你並不只是一個害羞的人，如果你想，也可以成為一個更堅強、更勇敢、更強大的自己。你可以同時擁有這兩種特質：害羞和強大！

> 你不需要改變自己的個性。

害羞的程度

害羞並不像一件款式一樣的均碼毛衣！每個害羞的人的感覺都可能略有不同。有些人偶爾才會感到害羞，有些人卻會經常感到害羞。

每個人的害羞程度都不同。

你有多害羞？

有些人只是有一點害羞

「我只在權威的人面前，例如在老師面前，才會感到害羞。」

有些人只是需要點時間熱身

「我在陌生人面前會害羞，但在朋友面前不會。」

有些人天天都感到害羞

「我常常都感到緊張、尷尬和不自在。對我而言,害羞會令我避開新事物,我通常都不會表達自己的感受和想法。」

有些人非常非常害羞

「我無時無刻都感到害羞——好像沒有一刻不害羞。我總是在擔心其他人怎樣想,而且停不下來。我的擔憂和恐懼令我連談電話都感到困難。」

有些人會呈現出他們的害羞,有些人則會藏起來。

內裏的害羞

我們並不一定能一眼看出某人是否害羞,而且也沒有害羞相關的考試或證書。若你覺得害羞,你就是害羞,這不是別人說了算的。你的感受並不需要其他人來認證。

你的感受是屬於你自己的。

害羞是能改變的

隨着你一直學習、成長和經歷不同的事情,你的害羞也會有所改變。有時候害羞的感覺很強烈,令人窒息;但有時候你甚至會忘掉了害羞這回事。

害羞是什麼感覺？

當害羞來襲時，我們內心會有許多擔憂、恐懼和疑惑。我們會感到緊張和不安。我們會擔心過去發生的事，也會擔心未來要發生的事。我們只想逃跑，只想躲藏。

感受恐懼

害羞可能會令我們感到不自在和尷尬，特別是當別人的目光落在我們身上的時候。你試過在老師提問你時，有想躲起來的衝動嗎？你曾擔心過在眾人面前說話，會顯得愚蠢嗎？害羞是有點駭人的，令我們擔心很多事情。

我們可能會擔心……

- 犯錯
- 不夠好
- 看起來很愚蠢
- 冒險
- 做錯決定
- 還有……

害羞的感覺就像躲在大毛毯下。

安撫毛毯

害羞的感覺就像活在一張很大、很重的毛毯下。當我們面對新事物，或一些不尋常，甚至是有點驚嚇的事情時，這張毛毯就會出現。毛毯一方面能幫助我們，使我們感到安全和舒適，但同時也可能會妨礙我們做事，令我們有所保留。

害羞有時也像個惡霸

害羞的感覺有時就像一把刻薄的聲音。心底裏你可能想做一些大事，做些勇敢和刺激的事，例如參與團隊活動，或是表演舞蹈。但這把刻薄的聲音會令你感到害怕，不敢嘗試。結果，你便會躲藏起來，實在有點可惜。

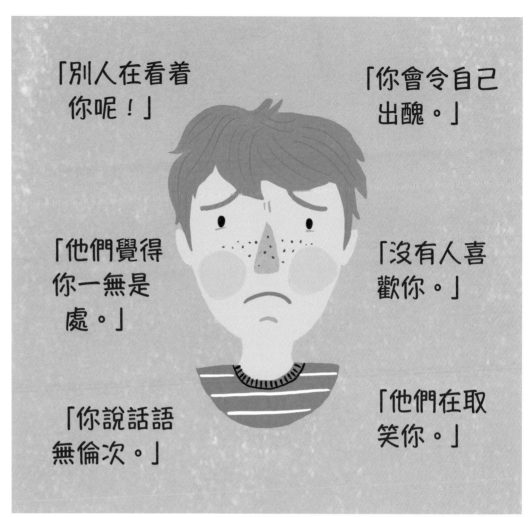

害羞對身體有什麼影響？

當我們感到害羞時，身體便會啟動危機模式，作出回應。當要面對各樣的情境，例如打電話、上台領獎、在班上發言，你的身體所作出的回應，就跟看見獅子要逃跑，或快要滑下巨大的滑水道那樣——如臨大敵！感到害羞的時候，身體會有很多的改變。你可能經歷過所有情況，也可能只經歷過部分。

感到緊張

想哭或開始哭泣

驚慌失措

心跳加速

腦中一片空白

流汗

害羞的大腦

大腦的工作，就是保護我們遠離危險，預備隨時作出應對。不過有時候，大腦會偵測到一些根本不存在的危險，令身體準備行動，卻使我們過度擔憂和恐懼。

回望過去

大腦就像一個記憶箱子，這些記憶會幫助我們作出決定。記憶能使我們遠離危險，但若然我們只記住一些奇怪、可怕和不自在的時刻，則可能使我們無法繼續前進。你或許曾經在班上答錯問題，但這並不代表你以後也不應再舉手。

杏仁核

大腦有一個小區域稱為「杏仁核」，負責感知危險，提醒我們作好準備。我們可以將這個部分想像成杏仁核阿姨。大部分時候，她會幫助我們，令我們安全，但她總是在擔心，不喜歡我們冒險。害羞的感覺，就像是杏仁核阿姨坐在我們的肩膊上。她想要保護我們，但有時太謹慎，則會把一些沒太大威脅的事，都誤認作危機，過度反應。

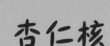

大腦想要確保我們安全。

虛假警報

確保安全是明智的，在不確定的情況下謹慎一點也很正常。吸取過往的經驗、作出周密的決定，在行動之前多聆聽、多觀察，都是聰明的做法。不過，我們也要知道：我們遇上的大部分情況，例如參加派對或認識新朋友，並不危險，也不會造成生命威脅的。

謝謝杏仁核阿姨的照顧，但是我可以應付的。因為我很強大，能面對這個情況！

成為眾人的焦點

「我剪了頭髮，而大家都在說這髮型有多好看。我應該開心才對，但同時又希望大家都看不見我。」

太多聲音

「我跟一個人談話時還好，但若人太多，則有點可怕，別人也不容易聽見我的說話。」

何時會感到害羞？

在許多不同的情況下，我們都可能會感到害羞，例如跟陌生人相處，或在參加了不熟悉的活動，甚至在親密的朋友和家人面前，我們也可能會感到害羞。你曾經經歷過這些情況嗎？感覺如何？

在重要的人面前

「在一些重要的大人面前，如校長和朋友的父母，我都不會說話。我怕他們認為我沒有禮貌，而且我也不太認識他們，不知道該說些什麼。」

在沒有耐性的人面前

「我試過在咖啡廳下單點杯奶昔，但侍應聽不見我的說話。她不斷叫我重複，對我感到不耐煩。」

在鎂光燈下

「我的父母叫我在全家人面前彈琴。我喜歡彈琴，但不喜歡表演。而且又沒有時間練習，簡直糟透了。」

被批評

「我很喜歡畫畫。但我沒有參與最近舉辦的繪畫比賽，因為我覺得自己的畫很糟糕，我不希望別人批評我的作品。」

難堪的處境

「我有很多話想說，但不會說出來。我通常都知道答案，但並不會舉手回答老師的問題。如果老師問我問題，我會感到恐慌，無法大聲說出答案。」

尷尬的相遇

「我在跟父母購物時，遇上了舊同學。我很想躲起來，甚至想鑽進地洞裏！」

參與活動

「我喜歡在家裏獨個兒跳舞，但在派對上我只會站在一旁，看其他人跳。我覺得自己有點格格不入，而且太多擔心，無法直接參與，享受其中。」

困難的對話

「當我不同意別人的意見，或他們令我感到不開心，我都不會說出來。我不知道他們會怎樣看待我，我也不想令其他人不開心。」

巨大的轉變

當生命面對嶄新或陌生的事件時，例如搬家、轉校，或是有新的家人，你可能會發現自己有點不安，或比平常更害羞。這是很正常的。我們都需要點時間來適應轉變。

慢慢來

到泳池游泳的時候，你見過有些人能直接就跳進池裏嗎？他們甚至沒有用腳趾試試水溫，就一下子的躍進去。其實並不是每個人都是這樣的。害羞的人需要多一點時間。我們喜歡感受一下四周的氛圍、了解事情的始末，然後漸漸的、慢慢的逐步走進去。當我們走了進去，就會愛上那裏。我們只是需要多一點時間才能到達。

> 害羞的人有時只是需要點時間熱身！

感覺害羞是很正常的，特別是面對嶄新和不確定的事情時。

我搬家了，離開了舊時的朋友，也轉到了新的學校。我感到失意和孤單。

我加入了新的足球隊，但花了很長時間才能交到新朋友。

我最好的朋友轉校了，我開始感到害羞，不知道該跟誰談話。

繼母搬進來跟我們一起住，我覺得好像被爸爸遺忘了。

在家裏感到害羞

我們與家人相處的時間很長，因此家庭的生活也能影響我們的感受，或改變我們的行為。

噪音

家人說話都很大聲，我是家裏最安靜的一個，有時候他們都聽不見我的意見。我的姊姊們常常都在吵架。晚飯的時候，我只會靜靜坐着，想自己的事情。

競爭和比較

哥哥做什麼都很厲害。我知道自己永遠也不會像他那麼傑出，所以我也不想去嘗試。我擔心自己的學校成績和運動方面都不夠好。父母肯定對我很失望。

安靜

我的媽媽很安靜，也很害羞。她不太喜
歡外出，我見朋友時她也會擔心我。
家裏每個人都很安靜，大家都不太說
話——連吃飯時也不曾多說。

壓力

家裏總是有許多呼呼喝喝的爭吵聲。
我只喜歡躲在自己的房間裏。
我們有許多家規。我不想犯什麼錯，
所以總是保持安靜。

在學校感到害羞

學校裏有許多孩子，免不了會有點混亂，也有點繁忙喧鬧，令人感到疲累。有時我們可能覺得自己跟同學們格格不入，希望別人不要留意到我們。

「當老師說要『每個同學輪流回答』，我的心就會跳得很快。我想逃跑，也想哭。」

「我很擔心犯錯，所以不會舉手——即使我知道答案也不會。」

「分組討論時，我覺得自己越縮越小。我會由其他人代我發言。」

「我試着發言，但有時就是說不出話來。我覺得大家都在注視我、嘲笑我。」

老師，我錯過了

當我們一直保持安靜，不願參與或表達自己，我們便會錯過一些事情。我們那些精彩的想法都只能鎖在腦袋裏面。而由於我們什麼都沒說，老師忙着工作，有時便無法看到我們內裏有多棒。我們並不頑皮，也不是無禮的人。我們也想參與，只是要踏出這一步並不容易。

「我很討厭要在班上站起來。我會非常緊張。」

「班上有許多喜歡炫耀的人。我覺得自己好像是透明的，老師永遠也留意不到我。」

「我很喜歡藝術，但不喜歡將自己的作品展示給其他人看。我寧願將作品收在自己的書包裏。」

「我得了獎，但不想上台領獎。所以我躲在洗手間裏。」

你是獨一無二的

世界上每一個生物都是獨一無二的——這很棒，對吧？然而，我們有時忘了自己的獨特性有多美好，還會為此而感到不自在。我們的與別不同，可能會令我們感到害羞和尷尬，令我們想跟變色龍一樣，隱藏在背景裏。

完美地不完美

我們都各有不同的擔憂。有些人對自己的聲音或外貌感到不自在。我們也可能覺得自己身形太龐大或太嬌小，怕自己的頭髮太捲或太直。

擔心的牆

有時我們的擔憂築起了一道很高的牆，就像磚牆那樣在面前阻擋着我們的視線。但只要我們能專注在自己的長處上，就能拆掉那道巨大的牆。

我有一個特別之處。我的聲音很稚嫩，雖然我已經是成年人，但我的聲音聽起來還是像個八歲的孩子。我這把稚嫩聲音令我感到害羞和不自在。別人常常都會說我的聲音怎樣怎樣。

我年紀小的時候，常常都為自己的聲音而感到尷尬。我盡量避免做那些會運用到聲音的事，例如打電話、參與活動，或在班上說話。我那稚嫩的聲音令我想躲起來。

有一天，我的想法改變了，我發現這把稚嫩的聲音正是我的獨特之處。這是一份安靜的力量。當我說話時，別人會聆聽。我的聲音很容易辨認，我也因此上過電視和電台節目呢！

我越來越喜歡自己這把稚嫩的聲音。如果我們全都有同樣的外貌和聲音，就會很像機械人！世界就會很沉悶，對吧？

我發現到，唯有勇敢做自己，才能有成功的生活。你是**唯一**一個能成為你的人。沒有人能擔此重任。與其改變自己，不如做更忠於自己的自己吧！

表達自己

當我們感到害羞，也許會令我們不敢表達自己或發表自己的意見，因為我們害怕其他人的批評，怕自己會把事情搞砸，或看起來很愚蠢。有時我們太過擔心，所以寧願保持緘默，滿腦子超棒的想法和意見都無法傳遞。我們要想辦法表達自己，不要過靜音模式的生活。

我們的意見也很重要

對於要表達意見，害羞似乎是一種短處，但其實害羞的人也能很有貢獻！我們是極好的聆聽者，而且會在發言前深思熟慮。當我們不把話說出來，大家都錯過了我們的精彩見解。

害羞也令人很苦惱。雖然我們總有很多話想說，但是又覺得保持安靜會比較簡單，沒那麼複雜。

試想想如果世界上只有那些大聲嘈吵的人，大家都聽不見大家的話，要做的事情也不會有任何進展！

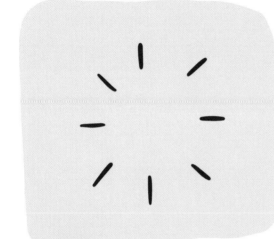

害羞者的聲音也很重要

世界需要不同種類和性格的人。雖然說話大聲的人比較容易被聽見，但其實我們需要各種各樣的聲音。最安靜的聲音通常都會說出最一鳴驚人的話，而且我們也跟其他人一樣，同樣值得被聽見。

讓我們
關上靜音
模式吧！

強大的你

擁抱你的害羞

誠實開放地面對我們的感受，是很勇敢的事，一點也不懦弱。如果你感到害羞，可以放膽談談這件事，不需要感到羞愧或恐懼。害羞是很正常的，所以讓我們擁抱害羞吧！

戴上假面具

害羞這回事有點複雜，它可能會令我們感到挫敗和氣餒。但害羞並不是弱點，不是我們需要解決的問題。那麼，為什麼我們要把害羞藏起來，或想要改變我們的性情？我們不能完全改變自己，也不應該這樣做。不如一起打開心扉吧。

脫下假面具

這些不自在的感覺，會令我們想戴上面具，假扮自己並不害羞。有時藏起真我，戴上面具，把自己真實的感受抑壓着，的確可能更容易。但這種掩飾是很累人的，也會令其他人無法真正認識我們。

接納自己

不要再收藏自己害羞的秘密，也不要再自欺欺人了。想想是什麼事情令你感到害羞。調整一下令你感到不自在的地方，給自己留下喘息的空間。留意你的身體有什麼變化，腦袋在想什麼。感受一下自己的情緒，然後拍拍自己的背，給自己一點勇氣。

勇敢做自己吧！
每個人都應踏出第一步！

鼓起勇氣

有些人以為若承認了自己的害羞，就只會變得越來越害羞，但事實並不如此。如果我們將害羞視作一件要收藏起來的事，而且沒有人願意公開談論，只會令事情變得更加難解決。當我們鼓起勇氣，願意表達自己，跟別人連繫，就能將害羞的話題帶出來，幫助其他仍在掙扎的害羞者。

科學家相信跟別人談論自己的感受，或把這些感受寫下來，有益於我們的心理健康。

強大任務
★ ★ ★

擁抱你的害羞，讓它有機會發言吧。你可以將自己會害羞這件事告訴一位朋友、老師或家人。又或者，你喜歡透過寫作、繪畫來表達，或為此而作一首歌也可以！用你喜歡的方式，表達出你的害羞。你也可以把這本書介紹給別人，讓他們更明白你。

分享的美好

跟別人坦白是一件很棒的事。當你鼓起勇氣跟別人談論你的真實感受，就能感受到這種分享的美好和自由。下次你感到害羞感來襲時，告訴你信任的人吧。最初可能有點害怕，但與人分享你的擔憂、跟別人吐露心聲，會令你感覺舒服一點。他們也有可能跟你有過同樣的感受呢。

喜愛自己的每一面

　　我們就像漢堡包一樣，都是有一層一層不同的喜好、性格和特質。我們除了害羞，也可以很堅強、很熱情、帶點傻氣、做事認真、勇敢果斷等等。我們很擅長做某些事，也會有些不太擅長做的事，但這些事都組成了獨一無二的你──這個獨特的你。

我是個拳擊能手，同時我也是個害羞、勇敢和有趣的人。

堅強

熱情

傻氣

勇敢

我們都是不一樣的

正如不是每個人都喜歡在漢堡包裹放酸瓜，也不是每個人都需要加額外的芝士，可能不是每個人都會喜歡你的每一層——但這也是沒有問題的。有些人會喜歡你的每一層——甚至你自己以為很奇怪或沉悶的一層，他們都會喜歡！

友善

害羞

認真

堅決

害羞只是我們的一小部分。我們還有許多不同的特質。

我帶點傻氣和害羞，跑得很快，也很喜歡跟人依偎在一起。

神秘的門

當我們感到害羞，就會有所保留。我們會將自己的想法、意念和感受都埋藏起來。我們很棒的一面，就被鎖進我們內裏。與其將害羞視為一種障礙或一個牢獄，不如把它想像成為一道神秘的門吧！

温柔地打開

我們不需要拿着大錘砸穿這道門，也不需要直接破門而出。只要慢慢地打開一道縫，然後每次慢慢多開一點，踮着腳走進去，等我們準備好的時候，讓強大迸發出來。

有美好的事物在門後等候着你呢！

踏出去

我們有各種不同的天賦和能力，例如誠實、真誠、友善、創意，還有更多的潛能。我們只需要鼓起勇氣打開這道門，踏出第一步，就能發現全新的事物，解鎖我們的強大能力。

做自己

她的衣服比我的好看。

人性就是喜歡跟別人比較。我們想要令自己安心，確認自己所做的事是對的，是合羣的。但如果每件小事也要比較，則可能會令自己很疲累，而且可能會因此忽略了欣賞自己，特別是那些令你變得獨特的美妙事情。

大膽不一定更好

有些人很健談、很外向、很耀眼。他們喜歡成為眾人的焦點，天生就愛派對生活，是派對中的靈魂人物。有些人很喜歡唱歌、跳舞和表演。而這也是沒有問題的——這對他們來說輕而易舉，但不是唯一的生活方式。

生活不只一種方式。他們是他們，你是你。

我也很希望可以在大家面前跳舞。

做自己就足夠

　　跟別人比較，有時能幫助我們設立目標和進步，也能令我們感到安心和安樂。但如果常常比較，有時可能會一發不可收拾，令我們感到自卑。花上許多時間精神來擔心一些無法控制的事，是很不值得的。

沒有其他人跟我一樣有着這樣的性格組合呢！

活出自己

　　當我們不再將自己與別人比較，我們就可以活出自己，懂得欣賞和擁抱自己的長處。

我們每個人都有不同的技能和天賦。

我們不需要改變自己的本質。

你原本的樣子就很了不起。

想想自己

嬰孩到了18個月左右，便開始懂得回應別人的讚美、期望、擔憂和批評。他們開始想要討好別人，而隨着成長，這種傾向也會持續。令別人開心是一件好事，但若然我們花太多精神來討好其他人，則有可能會忘記了自己的需要。我們也得照顧自己。

你可以為別人焗一個超棒的蛋糕，但你不能強逼他們喜歡它。

討好別人的問題

想要討好別人是很自然的。我們也理解到，當我們達到別人的期望、說他們想聽的話、做他們想要的事、穿他們喜歡的衣服，就能得到正面的回應。問題是，時時都想要討好我們的父母、兄弟姊妹、家人、老師和朋友，會造成很大的壓力。

討好自己

當我們太專注在其他人的感受上，便會忽略了自己的慾望和需要，忘了也要令自己快樂。我們總是在擔心其他人的想法，以致失去了自己的想法。要是我們常常都將自己的需要放到最後，便會開始對其他人感到不滿。

當你好好照顧了自己的需要，你便會更有心力幫助他人。

你很重要

面對着別人可能的讚美、微笑，或給你的好處，我們真的會很想去盡力討好別人——這感覺太棒了！但當我們如此重視他人的感受，我們也在同時告訴自己，告訴世界，其實我們是不重要的，我們不如其他人來得重要，但事實並非如此。

我們控制不了其他人的情緒。你只需要對自己的感受負責任。

重要的是，我們也不能自私地只想到自己，這是需要平衡兩者的。

慎選在意之事

害羞的人通常都會在意很多事情——會在意別人對自己的看法，也會在意自己跟大夥兒是否合得來；我們很在意自己有沒有搞砸事情、是否不夠好，也怕自己看起來傻乎乎的。在意各樣事情是好的，但如果過度在意，則要小心選擇我們在意的事。

留點精力給自己

在意各樣事情是很花費心神的。想像一下，每天起來，彷彿把「在意電池」叉滿了電。每在意一件事，就會用掉電池裏的一些能量。你沒有足夠的能量去在意每一件小事，所以別把能量浪費在一些不重要的小事上。

有些人可能不喜歡你，但這是很正常的。

聰明地在意

試試少點去想別人的想法、別人是否喜歡自己，以及怎樣討好每一個人。相反，試試多點去想，有哪些事情是對你最重要的，例如幫助別人、善待自己、做些偉大而重要的事，或是盡情享樂。我們只需要在意一些大事和那些最好的人，這就是「聰明地在意」的意思。

如果有人不喜歡我，真的會令我很不開心。我很努力想令其他人喜歡我。

你是很棒的。如果他們看不出來，損失的是他們呢。

強大任務
★ ★ ★

列一個清單，寫下你最在意的人和事——只能寫五項，所以要謹慎選擇啊！誰的意見對你來說才真正重要？有哪些沒那麼重要的事，可以從清單上剔除？現在可以看看你所列的清單，你感覺如何？

第一名

放下完美

你試過竭盡全力，都覺得自己還未夠好嗎？其實我們也沒期望過身邊的人要是完美的，但卻總是要求自己追求完美。若所訂的目標總是遙不可及，我們就會常常覺得自己很失敗，那麼，不如一起來擁抱自己的不完美吧？

強大有時也會一團糟

讓我們拋棄完美的念頭，擁抱一切可能的失誤吧：人生難免會有高山低谷，跌碰失敗。當然，如果做個旁觀者，風險會少一點，但也可能會錯過一些樂趣。我們不是機械人，沒有人是完美的——我們會說錯話、面對挑戰，也會搞砸事情。但這是沒問題的，哪裏一團糟，那裏就有歡樂！

追求完美也會成為我們躲藏起來的藉口。

一團糟的樂趣更多呢！

活着就是多姿多彩、亂作一團又諸多掙扎糾結，讓我們都擁抱這一切吧！

面對挑戰

試想像一下，你正踏着單車，然後看見路面有一處凸了起來。你會否決定下車，然後將單車拋到附近的草叢中，以後再也不踏單車？當然不會——你會小心翼翼地避開凸起的地方，或是加速衝過它。這裏蘊含着一個生命的教訓呢！

> 生命充滿障礙和高低起伏。
> 遇上問題時，我們沒理由
> 直接放棄。

沿途的障礙

　　每個人都會在生命中遇到挑戰——挑戰也有大有小。或許你想要分享某個見解，但別人打斷了你的話，或是你有理說不清。這代表你以後再也不發言嗎？當然不是。

按「重新開始」按鈕

　　有時事情不如我們計劃般地發生。就當作是在玩電腦遊戲吧，突然間……砰！你撞牆了，或跌倒了，或爆炸了！你可能會閃過一個念頭，想直接將手掣丟出窗外，以後再也不玩。但這個遊戲很好玩，你也知道你能玩得更好。那就按下重新開始，再來一次吧。

再來一次

　　想像一下，在你的肚子上有一個重新開始的按鈕。當事情出錯時，不需要回頭看或是沉浸在失望中，也不需要專注在你的失敗或錯失的機會。將這件事，視為一個可以再來的機會吧，你能做得更好的。按下重新開始，然後把事情做好吧。

事情的真相

　　想像一下，在街上遇見一位同學迎面而來。你微笑揮手，但他們對你視而不見——多無禮啊！你可能會開始擔心，向壞處想；但也可以戴上偵探帽子，專注理解事實。決定權在你手中。

許多負面的想法都沒有事實根據。它們只是一些浮游在我們腦海中的想法。

事情發生

　　別人對你視而不見，可以是件尷尬又令人不安的事。為什麼那個人沒有笑着回應你呢？你可能會認為他刻意忽略你，因為他不喜歡你。但也要記得，事情有可能不是這樣的。

尋求真相

試着不要立刻跳到結論。與其想着最壞的情況，不如專注在已知道的事實上。你是否肯定你的同學故意忽略你？另一個更有可能的解釋，是他沒看見你，所以直行直過。就是這樣。

易地而處

即使你非常肯定那個同學看得見你，你也可以試試易地而處。可能他們當時在想事情，可能他們在學校遇上了麻煩，或是跟朋友吵架了，或是快要遲到而趕時間。他們甚至可能會感到害羞而不知道怎樣回應。有時候，別人的行為跟我們毫無關係。

選擇你的道路

你可以選擇自己要怎樣回應。你可以感到不快，然後鑽牛角尖，容許這種感受影響你今天、明天、下星期，以至下年的情緒。你也可以選擇以後不再向任何人微笑。然而，你也可以選擇接受事情的發生，然後由它過去，繼續你當天的生活！

我選擇強大地抖擻精神，把這件事放下。

一把更善意的聲音

你搞砸了!

我就知道你做不來!

你一無是處。

不知道你是否意識到,其實我們每個人都有把內在聲音。有時這聲音說的話不太友善,就像有個惡霸住在我們內心,總是在打擊我們。有什麼解決辦法?用善意來對抗這把負面的聲音吧!

趕走惡霸

我們並不會用惡霸跟我們說話的方式來跟別人說話。然而,我們對別人的友善和憐憫,卻很少運用在自己身上。現在就開始善待自己,好嗎?

正面的自我對話

當我們跟朋友說話,都會互相支持,彼此提供意見,讓我們可以處理自己的感受,尋找解決的辦法。我們不會否定當中的掙扎,或叫對方好好控制自己的情緒。所以,當你發現你的內在聲音說了些苛刻的話,你可以問問自己:我的朋友會怎樣說?他們會給我什麼建議?

有時,要當自己的好知己啊!

你是很了不起的

　　所有人，不論害羞還是外向的人，都值得擁有好的東西。我們都值得擁有愛，值得被善待，值得擁有自己和別人的尊重。善意不只是留給別人的，我們也要善待自己。

你的意見也很重要。

盡力做就夠好。

願意嘗試，做得真好。

你做得真棒！

安全感

害羞的人很需要安全感。所以，當事情變得可怕，我們就會退縮，躲在自己覺得舒適和安全的地方。然而，當我們顧着躲藏，就會很難成為強大的人。如果我們希望能學習新事情，參與羣體生活，變得更強大，就需要一個能支援我們的安全網。

找到你的安全網

安全網是雜技員的的安全措施，使他們能安心踏上鋼線。有了安全網，雜技員就知道即使他掉下來，也不會受傷。當我們想要冒險，或向前踏出那一步，要記得我們也有一個安全網，是由那些令我們感到安全的事物所組成的。

當我們感到安全，就會變得更強大。

老師

最喜愛的食物

強大任務 ★★★

你的安全網由什麼組成？任何東西都可以成為你的安全網，例如你生命中令你感到安全、得到支持的人、事、物。你的安全網令你能夠綻放光芒。請畫一幅畫，畫出一件令你害怕的事，並在下面畫出一個珍貴的安全網保護着你。

在一起更好

害羞可能會令你感覺孤單，好像被人遺忘，只有自己一個，但事實並非如此。當你要面對挑戰，或向前踏出一步，身邊有些支持你、愛護你、尊重你的人，就會令事情變得更容易。

選擇跟別人一起面對

當我們感受不到身邊的人的支持，我們便會閉口不言、關起心扉，將感受都留在心裏。我們害怕被別人批評、拒絕，怕被人忽略或說三道四，所以決定保持緘默，認為是最安全的選擇。其實我們可以選擇跟一些很棒的人在一起，他們是能夠理解和支持你的。

我會選擇跟一些關心我感受的人在一起。

我會選擇跟一些尊重我的人在一起。

我會選擇跟一些能令我開懷大笑的人在一起。

可靠的人

選擇跟一些對你想表達的事情感興趣的人在一起，跟那些你喜歡他們陪伴的人做朋友。跟這些能支持你、為你帶來動力的朋友、家人或其他人在一起，你也能成為更好的自己。

我會選擇跟一些令我感到安全的人在一起。

我會選擇跟一些鼓勵我做自己的人做朋友。

生命中不需要有幾百個泛泛之交，有幾個知心好友就夠了！

遠離負能量

有些人像暖爐那樣，能散發溫暖和正能量，他們滿有熱情、朝氣勃勃，跟他們相處會很快樂。有些人則很負面，常常抱怨，像個排水管那樣將人的精神都消耗掉。他們將生命的樂趣都吸走，跟他們相處會很累人。選擇跟那些像暖爐的人做朋友吧。

請求協助

做大事，很少能獨自完成，所以很多人，例如運動員和消防員，都會整個團隊一起合作。當我們請求協助，請人幫忙，並不是說我們在認輸，準備迎接失敗和別人的批評。請求協助絕對不是示弱，而是聰明和強大的做法。

「我在班上作報告時，請了我的朋友站在我旁邊。她站在旁邊，令我得到更大的勇氣。」

有支持者站在你身邊，更容易強大起來。

請求支援

如果你要去一個從沒去過的地方，向人問路能節省很多時間，也能減少你迷路的機會。這樣的概念，同樣可應用在生活的各個範疇。你不需要每件事都獨自完成，只需深呼吸，鼓起勇氣，請求幫忙。

「爸爸帶我去參加舞蹈表演。我很緊張，但有他在，我也安心了不少。」

「我的知己陪着我，跟我喜歡的男孩聊天。我跟男孩聊得熟絡之後，她就先行告退，讓我們可以繼續談下去！」

「當我感到害羞，就會跟祖母談談。她能明白我的感受，因為她也是害羞的人。」

強大任務

★ ★ ★

面對困難的事情時，我們都需要協助。當你需要支援時，誰會伸出援手？選擇一些你希望能跟你一起走這強大之旅的人。他們有何特別之處？你希望請他們怎樣幫助你？

樂於助人

如果你怕請求幫助會打擾到他人，就試想想他人的感受。幫助人是件美事，感覺也良好。我們怎能奪去別人得到助人之樂的機會呢？

我是毛絨的愛好者：毛絨的衣服、軟綿綿的睡衣、毛氈和襪子！

感覺溫暖舒適

感覺溫暖舒適，就像接受一個大擁抱，暖人心扉，安撫人心。我們有時就是需要這樣的一個大擁抱！我們可以用各種方法令自己感到溫暖舒適：我們透過選擇穿什麼、吃什麼、怎樣布置房間等，都能令自己感到更自在。

你知道嗎？
貼身包裹身體的衣服能令我們感覺更平靜。

舒適的位置

經過一天強大的生活，我們可以找個舒適的位置，退下來放鬆一下。可以是一個暖和的地方，有許多毛毯和靠墊，也可以是在大自然中。最重要的是，這個地方能令你感到平靜、放鬆和安全。

強大的食物

當我們喝着熱湯，或是吃一大口濃郁的薯蓉，這些食物好像有一種神奇力量——所以它們被稱為安慰食物。但你知道嗎？真的有一些食物能令我們更平靜。科學家相信乳酪和蛋有助紓緩焦慮，某些種子和水果也有助改善心情。

寵物的力量

撫摸寵物，或跟寵物依偎在一起，也會令我們感覺良好。當我們摸着寵物，身體會分泌一種稱為催產素的荷爾蒙，能減輕我們的壓力。所以有些治療犬會在學校、護老院，甚至法庭裏服務。牠們可以令人放鬆，減少焦慮。

> 擁抱能令我們感到溫暖舒適。

強大任務
★ ★ ★

想想你可以怎樣令生活加添一點溫暖舒適的感覺。你會不會想看看書，或看一些安慰劇集？你也可以探望朋友的小狗、穿上特別舒適的絨毛衣服，或將牀鋪變得額外舒適。寫下一些想法，然後決定你想先做哪一樣。

休息復原

迎接新的挑戰和面對自己的恐懼都是很花心神的。如果我們已經疲累不堪，就很難活出強大的自己。我們不能日復日地強行推着自己前進，橫衝直撞，否則遲早只會筋疲力盡地倒在地上！

抽點時間

放鬆並不是躲懶，而是一種聰明的做法。運動員也會適當地休息，這樣他們才能更迅速地達成目標。鍛煉身體時，也需要稍作休息，令肌肉有時間復元和增長。今天的休息，是為了明天能走更強大的路。

有效休息

無論你決定花十小時還是十分鐘來休息也沒有所謂，這全由你決定。但無論你決定做什麼，都要令這些休息時候過得有價值。可以浸個泡泡浴，或是到大自然裏走走，播一首你最喜愛的歌，讀一本書，或以上全部都做。當然，不能在同一時間做啊！

我們為什麼要睡覺？

透過睡眠，我們的身體可以重新獲得力量、成長和恢復過來，特別是當我們盡了力去做一些不容易的事。睡得好，是保持身心健康的關鍵，甚至有證據顯示這能令我們更長壽。我們睡覺的時候，細胞和肌肉會修復；睡不夠的話，機能會開始失常呢！

強大的睡眠

最終極的放鬆活動就是睡覺。睡覺是一件樂事，是我們照顧身心最簡單最重要的方法。當我們感到焦慮，身體會消耗額外的能量。而害羞會令我們擔心很多事情，這是很累人的！因此，我們定要為此睡上好的一覺。

小提示：如何睡得更好？

• 建立睡眠習慣。每天在同樣的時間起牀和睡覺。

• 可以在睡前做些簡單的瑜伽或拉筋動作，令身心平靜下來。

• 不要在睡前看熒光幕，藍光會令你保持清醒。

• 建立一些幫助你睡前放鬆的習慣，例如洗澡或閱讀。

• 如果你不容易入睡，可以試試播放一些柔和的音樂，助你入眠。

強大的你

我們每個人都有強大的內心。我們不用改變自己，都可以做出勇敢的事。我們只需要找到對的方法。

不再找藉口

以害羞為藉口，然後留在家裏的被窩中是容易的；然而，將自己標籤為害羞，其實沒有將事情變得容易。當你用害羞作為藉口，逃避生活的一切，可能會錯過很多。

我們只需要發現自己內裏的強大。

卡住的感覺很糟

若我們不願意踏出舒適區，就可能會被卡住，一事無成。雖然這樣不會太可怕，但有時也會有點沉悶。逃避一切令我們感到害羞的事，未必能令我們快樂。

我們不是玻璃

要記得，即使事情不如預期，我們也不會碎落一地。要活出豐盛的生命，就得冒險。先冒一些小險，每日累積，就能體驗新的事情，然後冒更大的險，玩得盡興！

面對你的恐懼

勇於面對我們的恐懼和不安，會令我們的生活得以擴展。決定開發內在力量的一刻，就是精彩生活的開始。我們即將由隱形人變成無堅不摧的勇士。

害羞是種長處

　　沒錯，害羞可能會為生活帶來困難；但是，你可曾想過，害羞的掙扎也能令我們變得更強大？如果想要更大塊的肌肉，就得舉起更重的啞鈴。沒有啞鈴，舉起和放下雙手固然容易；然而，這些啞鈴的重量正要挑戰我們，幫助我們鍛煉肌肉。看吧，小小的困難有時也很有用啊！

害羞

害羞

面對你的恐懼

　　我們雖然害羞，但這意味着當我們願意冒險和面對恐懼，比起輕易就能做到的事，這些都能令我們變得更強大。試想像一下，假若生活沒有任何挑戰，或許你就會一直滑翔，成功、甜甜圈、糖果撒料都唾手可得，不費吹灰之力。這很沉悶，對吧？

掙扎中
能建立
力量。

安靜的能力

當我們成功爭取一些得來不易的事物，會帶來更大的快樂。當我們終於能克服自己的恐懼，就能帶着一股安靜的力量表達自己的意見，別人都不容忽略。

儘管害羞，我們卻可以強大，我們也是因為害羞而變得強大的。

成功的滋味

當你終於鼓起勇氣，在班上發言、來一次難以啟齒的對談、報告功課或演講，會有什麼感受？會感到自己像個傳奇人物，對吧！下次面對挑戰，也試試專注想想這樣的感覺吧。

很多年以來，我都因為自己這把稚嫩聲音而躲藏起來。我很在意自己的聲音。

但後來我明白到，原來我的稚嫩聲音裏也有強大的一面。當我有勇氣發言，就代表那是一件很重要的事。我說話的時候，大家都會專注聆聽。我的聲音令人印象深刻。天啊，這樣寫出來也有點怪怪的。

但很奇妙的是，我曾經為此而感到尷尬的事，如今看起來有點像一種超能力。

強大的戰士

知道自己很堅強而有能力應付，我們就能站得穩，為自己發聲，感覺也更強大。但我們也許不是天生的強大戰士。當我們顧着跟身邊的人比較，只會滿心憂慮，無心戀戰！但願意冒險的話，我們就會變得更強大。我們只需要盡力而為，推開壓力。

上場吧

在眾目睽睽的觀眾面前表演，確實很有壓力，令人害怕。因此，很多害羞的人都盡量避免參加比賽。但如果不參加比賽，我們就不可能獲得勝利。若然我們不願意上台或上場，世界便無法見識我們的天賦和才華。

全力以赴

比賽是一個表現自己的絕佳時機。忘記周遭的人吧，最要緊的是跟自己比併，全力以赴。最重要的事，就是盡力去做。

當我在拳館或在比賽中打拳，我就會成為一個更強大的自己，彷彿我內裏有第二個我。我就是一個超級英雄的化身。可愛和害羞的娜迪亞會變成強悍的迪迪！強悍的迪迪既勇敢，亦剛強有力。她會全力以赴，毫不擔心會失手，因為她知道這樣的過程會令她變得更強大。

你，不再一樣

第二個我，就是你的另一種性格特質。在表演或要競爭時，以「第二個我」來展現自己，能讓我們得到更大的力量和勇氣，發揮最好的一面和克服困難。你沒有改變自己，只是用了自己的另一面來幫助自己面對困難。

強大任務
★ ★ ★

許多超級英雄都有「第二個我」。例如，小說中的記者克拉克・肯特（Clark Kent）的「第二個我」，就是超人。你也可以設計你專屬的「第二個我」超級英雄。首先，為你的超級英雄命名，然後決定他們的服飾打扮。他們有哪些超能力？你會什麼時候會呼喚他們？你的「第二個我」超級英雄能幫你達成什麼目標？

擁抱不安

當你想要成為更強大的人時，可能會感到緊張，但你並不孤單！即使是著名的運動員和演員，也會在出場前感到緊張。你的情緒反映了這件你將要做的事，對你而言是重要的，這是一件好事！假如你能學懂擁抱不安，將這種緊張感化為推動力，你的表現就能發揮得淋漓盡致！

重塑你的恐懼

某些我們感到害羞時的身體反應，例如心跳加速、手心冒汗，跟我們感到興奮時的身體反應是很類似的。我們可以掌握自己的恐懼，把它視為令人興奮的事。當你要做一些極度不安的事，可以試着告訴自己：「我不斷在顫抖……是因為我很興奮。」轉化恐懼為你的動力吧！

我是無懼的，我跑得很快，我還很毛茸茸呢！

強大口訣

重複唸着強大口訣，就能令你感到更堅強。你的口訣是什麼？可以選一句對你有意義、或能令你感到無所匹敵的話，例如「我正在改變世界」或「我可以的！」。現在試試不斷重複這句話。不一定要把話說出口，但你喜歡也可以！當你需要一枝強心針時，就重複你的口訣吧！

幸福呼吸

其中一個令人平靜的簡單方法，就是專注呼吸。用三秒的時間，透過鼻孔深深吸氣，然後再以三秒慢慢呼氣。重複三次。然後，用四秒的時間來吸氣，再以四秒來呼氣。重複三次。熟習之後，可以試試用五秒來做同樣的步驟。這個時候，你就應該會感到非常平靜了。

強大的能力

並不只有說話大聲的人，才是唯一有能力的人，只是我們比較常聽見關於他們的事而已。要常常記得，雖然害羞的人本身也會有能力，但他們正正是因為害羞，所以更有能力。

精彩絕倫的想法

既然我們花那麼多時間在自己的腦袋裏，我們有滿腦子精彩的想法一點也不出奇。我們有時會想太多、擔心太多，但所思所想的，也不盡是負面的想法。我們同時也在解決問題、計劃和思考。我們想像力非常豐富，滿腦子精彩的點子。

我們是聆聽達人

我們很忠誠

我們會深度思考

有耐性

害羞的人每踏出一步都很小心。我們不會衝來衝去，舉高雙手要別人看見我們。我們喜歡停下、思考、計劃和準備。

很棒的朋友

害羞的人通常都對別人的感受較為敏感，也有很強的同理心。因此，害羞的人通常都是很棒的朋友，我們善於幫助和支持別人。

真摯的親密朋友

我們起初未必是最健談的人，但當我們成為朋友，就是一輩子的。雖然我們要認識新朋友並不容易，但這就代表已有的朋友對我們而言有多麼重要。我們很珍惜、很關心我們的朋友，會跟他們保持密切關係。

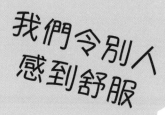

我們令別人感到舒服

我們很敏銳

我們很謙虛

傑出的領袖

當懂得運用自己的強大能力，我們也能成為傑出的領袖、管理人員和治療師。做領袖不只是要對別人指指點點，也不是大聲說話者的專利。我們的聆聽技能讓我們更明白和推動別人。我們退後一步，讓他們有空間表達，他們的每字每句，我們都會聽見。

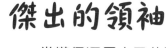

更多強大的能力

害羞的人很有創意、也勇於創新。我們很喜歡動手做事、說故事、畫畫和跳舞。我們會思考、檢查和修正自己的作品，才將成果公諸於世，又或者完全不公開！

注意細節

我們對周遭的環境感覺敏銳，會細心留意觀察身邊事物。我們的大腦猶如雷達那樣，持續地掃描、搜索和接收各種細節的資訊。我們享受留意這些小事情，這些是其他人往往會忽略，甚至不當成一回事的。

活得堅強

事實上，害羞的人會需要面對不少挑戰，也就是說，別人看來很容易的事，我們可能得花更大的氣力去完成。做這些事也很需要勇氣。雖然你面對的困難確實很不容易，但這也是說，你會堅強面對生活中的各樣事情。

我們會留意細節

我們很堅強

我們很謹慎

勤奮工作

害羞的人通常會勤奮地工作，謹慎而準確地完成事情。我們的工作做得很好，而且不會到處耀武揚威，一方面當然是因為我們為人謙虛，另一方面是因為我們忙於工作！

強大任務

★ ★ ★

列出你的強大能力，就是因為你的害羞而有的各項技能和強項。將這份清單保管好，放在一個安全的地方，偶爾拿出來讀一讀，提醒自己。當你要去做一些重要的事，可以把清單帶在身上，讓你可以時刻提醒自己，你是很強大的。

我們會努力完成工作

我們很強大

我們富有創意

是時候表達自己

有時候，保持緘默，隨波逐流，似乎比起要說出自己的意見和喜惡來得簡單。然而，若然我們埋藏自己的需要，壓抑自己的情緒，太容易放棄主權，就會變得苦惱和不開心。一起來主動出擊，表達自己吧！

你所說的話，是帶有力量的。

行動吧

有時我們會感到被擱在一旁，活像布景板，所有事情都不由我們決定。是時候停止這種被忽略和低估的生活了，讓我們不再由他人搶奪我們的話語權，代替我們發言。我們的意見、感受和需要都是重要的。

我很重要

我的意見也重要

有我，不一樣

找回你的聲音

你不一定要說話很大聲，或持續說話，才能讓人聽見。安靜的力量也能傳遞出你的意見。清晰表達你的想法，別人就會留意得到。記住，開放和誠實的態度是好的。表達自己的想法並不是無禮的。你可以不同意別人的觀點，但仍然尊重他們和他們的意見。

不要隨波逐流　開拓你的新境界

「我沒所謂。」

「你想就好。」

「我跟大隊。」

「你選擇吧。」

「我想……」

「我選擇要……」

「我決定……」

「我需要……」

「跟我來吧！」

走出你的專屬道路

你是否常常由朋友決定去哪裏、做什麼？他們很可能以為你樂於跟隨他們的決定，因為你從沒表達過相反的意見。如果你希望做些別的事，那就不要再隨波逐流，開拓你的新境界吧——拿回主導權，別讓其他人替你作決定。

強大任務
★ ★ ★

要認清自己的需要、慾望和喜好。試坐在一個安靜的地方，回答以下問題：最理想的一天，你會想怎樣過？有哪些是生活必不可缺的元素？你希望多花時間跟誰在一起？你還想學點什麼？你有什麼想改變的？你對將來有什麼憧憬？

拿回主導權

蘭花是很敏銳細膩的花朵。它們需要適量的水分和陽光才能盛放。害羞的人就像蘭花一樣，在適合的環境裏便能綻放光彩。

選擇美好

害羞的人也可能是敏銳的人。我們就像海綿一樣，會吸收環境裏的細節和情緒。所以，既是會吸收，就吸收點好東西吧！可以花多點時間在戶外，呼吸新鮮空氣，陶醉在自己的興趣和熱愛的事物當中。讓我們以那些令人輕鬆和愉快的事物來包圍自己吧。

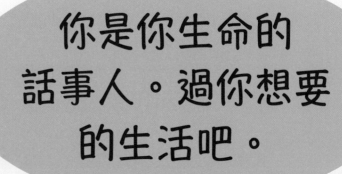

你是你生命的話事人。過你想要的生活吧。

我的朋友很喜歡跳舞，但我不太喜歡。我不想麻煩到別人，所以多年來也沒告訴過他們，但跳舞實在令我不太舒服。最後，我決定把我的感受告訴朋友。我感覺輕鬆多了，以後再也不用扮作喜歡跳舞了！

選擇跟朋友做什麼

選擇一些讓你感到自在的方式，來跟你的朋友相處。可能是每次見一個朋友，而不是一羣朋友；也可以是提議一起做運動打球，如果你不只想靜靜坐着。又或者，你寧願去喝杯奶昔，而不想去跳舞，就這樣去做吧。你的意見和喜惡很重要！

選擇放鬆

有時生活很累人，既忙亂又嘈雜。害羞的人需要一點空間，才能專注思考。請記得，你是你生命的話事人，如果你想要點時間安靜或想播放點音樂來放鬆，那就拿回主導權，坐言起行吧。

選擇你的道路

無論你有什麼志趣，或將來有哪些夢想，你也能選擇怎樣一步一步實踐夢想。如果你喜歡劇場，但上台表演的感覺讓你無力，不需要立刻摒棄夢想，可以試試其他參與方式。例如加入較小的劇團，向小羣的觀眾表演？又或者你更喜歡寫劇本，或成為燈光師？以你自己的方式來追夢吧。

強大任務
★ ★ ★

你不需要強迫自己迎合一種令人喘不過氣、無法發聲的生活。寫下你最希望能改變的三件事情，是能令你活得更豐盛的。第一步是什麼？你什麼時候會踏出第一步？讓我們一起拿回主導權吧。

準備充足

有些人很擅於臨場發揮，邊做邊想，但大部分害羞的人都不是這樣。對我們而言，臨危受命一點也不好玩。所以，預先計劃和保持條理，能令我們安心一點。

計劃和準備

不論你打算去考試、去旅行，還是做學校的功課，也要準備好自己！在行動之前，先把事情想清楚，能讓我們在面對挑戰時感到沒那麼緊張。雖然事情不一定按我們所計劃的發生，但有些計劃和意念，會令我們心裏有底，感覺更自信。

寫筆記

如果你即將要發表報告或開展一段困難的對話，可以事先寫一點筆記，並帶在身上。清楚知道自己要說什麼，把要說的話先想一遍，能讓你屆時表達得更清楚，減少詞不達意的情況。如果你怕忘了要說什麼，也可以安心知道一切都已寫在你面前的筆記簿上。

你可以為你喜歡「預先計劃」
而感到自豪。

開展對話

如果你會在社交場合感到緊張,可以早一點預備。想想你會見到哪些人,想想他們有哪些興趣,然後作一點準備,了解一下他們愛聊的事物。你不一定也要熱愛他們所喜歡的事,但知多一點點能幫助你加入對話,感覺自在一點。

熱門話題

當你跟那些不太熟悉的大人談話,有留意到他們問來問去都是那些問題嗎?他們可能會問你關於學校的事情,問你最喜歡的科目是什麼,最近學了些什麼等等。如果你在大人面前會感到緊張,可以為這些話題稍作準備,這樣你就會感到輕鬆一點。

請記住這句名言:「不作準備,就是為失敗作準備。」

自信地致電

假如你在打電話前會感到緊張,可以先把要說的話寫下來,也可以準備好待會兒可能用到的任何有用資訊。反正沒有人會看得到你的筆記,所以不用擔心!另外,可以試試站起來,微笑着談電話,這樣可以使你的聲音聽起來更有自信。

勇於發夢

夢想就像氣球那樣，會令我們感到開心興奮，也會變大擴展，令我們滿心期待。夢想又正如一個巨大的氣球那樣，能引領我們前行，為生命帶來意義和方向。

抓緊夢想

當我們感到害羞時，可能會想放棄夢想。我們可能會感到無能為力，認為自己沒法做大事。我們也可能會害怕去嘗試，太擔心把事情搞砸，或是太緊張別人會怎樣看。但你可以選擇抓緊夢想，阻止害羞令你的氣球漏氣。

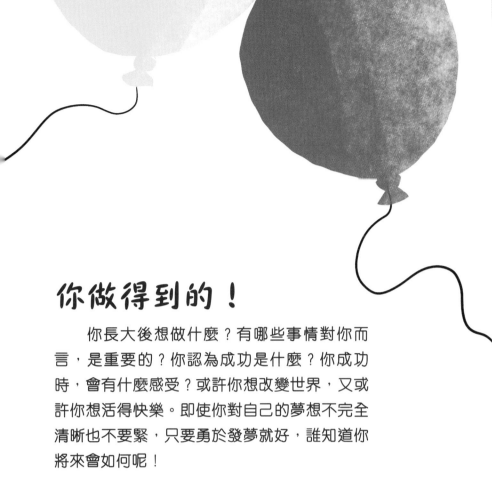

你做得到的！

　　你長大後想做什麼？有哪些事情對你而言，是重要的？你認為成功是什麼？你成功時，會有什麼感受？或許你想改變世界，又或許你想活得快樂。即使你對自己的夢想不完全清晰也不要緊，只要勇於發夢就好，誰知道你將來會如何呢！

強大任務
★ ★ ★

試着閉起眼睛，讓你的腦袋自由想像。釋放出你的想像力吧。慢慢等待，直至有一個景象在你腦海中浮現。然後，睜開眼，想想你剛才看到的事物。可以把你的願景寫下來，或畫下來。你不需要四處宣揚，或告訴任何人。可以放在安全的地方，讓自己每天能夠看得見。

雖然目前我還不是很強大，但我將來會變得強大。

分成小目標

訂立目標是好的,但有時我們要將大目標分割為幾個小目標,這樣才不會感到恐慌或太大壓力。我們現在身處的地方,跟我們想要去到的地方,似乎是地圖上天各一方的兩點。然而,只要我們在沿途上定下一些中間點,旅途便會輕鬆一些。

緩慢地穩定前行

害羞的人遇上不確定的情況,通常都需要多一點時間熱身。那麼,就讓我們擁抱這個事實吧,我們比較喜歡緩慢而穩定地前進。我們並不想一下子就把自己嚇倒,然後以後也不再嘗試。所以慢慢來吧,訂立一些能夠完成的目標。

一步一步前行

與其擔心你最終的目標有多遠大多可怕,不如一步一步來吧!真的,每次一步就好。要達成最終目標,有哪些很小很小的事情可以慢慢做的?

目標在望

　　假如你的目標是想參加奧運，你會定下哪些小目標，令你可以最終達成大目標？第一步可能是學好基本的技巧，然後可能是加入團隊，參加比賽等等。只要每次踏出一小步，逐步逐步來，就能慢慢達成目標！

享受過程

　　過程中會遇到挫折，但只要繼續向着目標方向，每次向前踏出一步，就能繼續前進。只要你向着正確的方向邁進，每個小步都是明智的。每次你到達小小的里程碑，都能為自己驕傲。達成小目標能成為我們的推動力，我們會感到開心，能建立自信，也能在困難中成為我們的鼓勵。

> 每次踏出一小步，不知不覺，你就會到達目的地了。

> 將毛茸茸的腳踏出來，放在另一隻腳前面，就是如此簡單。

強大的習慣

強大其實是一種習慣，就像刷牙和洗手一樣。身體和大腦都需要一點時間來適應新的習慣，但建立習慣後，就變得自然了。我們幾乎都不會察覺，但習慣會將我們變成更棒的人。

逐步努力

你不需要變得更外向，更有自信，或是幸運地，變得更強大。你只需要逐步努力。每天踏出一小步，直至這成為你生活的一部分。不久之後，你的身體和大腦就會自動知道要怎樣做。過程是需要時間的，但你可以做得到！

每天踏出一小步。

第一步是最難的。

是時候行動了。

你是害羞而又強大的。

由小事情開始。

決心努力。

不要放棄。

踏出第一步

踏出第一步是最難的。我知道躲在安慰毛毯裏有多舒適,但可惜的是,如果一直躲在被窩裏,就會錯失很多東西。由小事情開始吧;決定參加一個比賽,回覆某個邀請,參加一個團隊,或者跟一個新朋友打招呼。第一步多微小都不要緊,要緊的是踏出第一步!

強大任務 ★★★

最後的一個強大任務,就是要決心踏出第一步。我們總是會想得太多。有時,我們困在自己的思緒中,擔心別人怎麼想,怕自己不夠好。但今天請不要多想。今天,你要踏出這關鍵的一步,邁向害羞而強大的人生。最關鍵的,就是採取行動!

★ 第一步:
寫下你的第一步
★ 第二步:
放下這本書
★ 第三步:
去行動吧!

索引

鳴謝

關於作者

娜迪亞・芬尼（Nadia Finer）很了解害羞的掙扎，但她沒有躲在家裏跟她的小狗波比一起看電視，而是致力推動她的柔聲使命：幫助害羞的人變得更強大。娜迪亞用自己那種安靜的方法，做了不少很酷的事情；她上過電視和電台節目，在許多人面前分享，也創立了自己的 Podcast 節目，致力於為害羞的人發聲。而且，她公餘還是一名拳擊手呢！

寫作和打拳之餘，娜迪亞還開辦了強大幫（Mighty Mob）計劃，幫助一些安靜和害羞的孩子，學習怎樣活得更勇敢，敢於表達自己，融入團體，帶領他們由隱形人變為所向無敵的強者！

娜迪亞上過的節目，包括 *ITV News*、*Woman's Hour*、*BBC Radio 4*、*Stylist* 和 *The Telegraph*。她也為 *Cosmopolitan*、*The Guardian*、*The Independent* 等撰寫文章，也接受過 *Marie Claire*、*Good Housekeeping* 和 *The Times* 等雜誌的訪問。

想要更多關於害羞的建議，可以瀏覽 shyandmighty.com。

關於繪者

繪者莎拉・蒂爾克（Sara Thielker）自從能拿筆以來，一直都很喜歡畫畫。她生於英國牛津，目前在英國威爾特，以舒適的家作為工作室。莎拉是個害羞的人，因此畫畫也成為她重要的溝通橋樑。她熱愛大自然和地球，努力過環保生活。創作美麗的藝術品之餘，她也很喜歡跟家人一起探索大自然，又或是在廚房裏弄些美味的素食菜式和小吃。

娜迪亞想要感謝：

她的丈夫Robin，他一直很親切，也很有耐性；她那對足球狂熱的兒子Jacob也常常能令面對壓力的媽媽平靜下來。她想要感謝摯友Kate的幽默和卓越，也感謝拳擊教練Brian幫助她成為更強大的人。超級感謝DK的James、Clare和Rachael，謝謝他們相信她，也讓她能有這個超棒的機會幫助世界各地的害羞孩子。最後，娜迪亞很想給波比一個溫暖的大擁抱，因為牠實在是非常可愛。

原出版社DK在此感謝負責校對的 Caroline Twomey、負責製作索引的 Helen Peters、The BKS Agency 的 Jason Bartholomew，以及 DK 的 Diversity, Equity, & Inclusion 團隊之珍貴貢獻。